GESUND ZUM MILLIONÄR

MIT GESUNDEM MINDSET
& LIFESTYLE
ZUR MILLIONEN SPAREN!

JOHANNES LICHT

©2019 Johannes Licht
Design: Julian Schneider
Autor: Johannes Licht

Dieses Buch einschließlich aller Texte, Fotos und Grafiken ist urheberrechtlich geschützt. Jede Verwendung von Inhalten – darunter auch (auch auszugsweise) Abdruck, die fotomechanische Wiedergabe und die Einspeisung in elektronische Datenspeicher – bedarf der schriftlichen Einwilligung des Autors oder des Designers.

Kontaktadresse: licht.johannes@gmx.de

Selbstständig veröffentlicht

ISBN: 9781099867958

Hinweis

Mit diesem Buch sollen fundierte Informationen zur Verfügung gestellt werden. Bitte beachten Sie jedoch, dass Autor und Verlag keine Rechts-, Finanz- oder sonstige fachliche Beratung leisten können. Maßgebend ist die jeweilige Gesetzeslage und ggfs. Die rechtsverbindliche Einschätzung eines entsprechenden Experten.

Die Veröffentlichung enthält Datenmaterial aus der Vergangenheit, aus dem sich keine Rückschlüsse auf eine zukünftige Performance ziehen lassen. Anhand der Daten werden hier die zugrunde liegenden Prinzipien veranschaulicht.

Das Buch ersetzt keine fundierte Beratung, es übernimmt nicht die Verantwortung des Anlegers und bietet keine Anlageempfehlungen. Bevor Sie Investmententscheidungen treffen, sollten Sie den jeweiligen Prospekt vollständig lesen und zur Grundlage Ihrer sorgfältigen Abwägung für eine Investmententscheidung machen.

Das Buch spiegelt die persönlichen Ansichten des Autors wider. Die Aussagen sind nicht als Anlageempfehlung im Sinne des Wertpapierhandelsgesetzes zu verstehen. Für Schäden und Verluste, die aus Anwendung der Inhalte dieses Buches resultieren, kann keine Verantwortung übernommen werden.

Der Autor übernimmt keine Verpflichtung, die in diesem Buch enthaltenen Informationen und Aussagen zu aktualisieren.

Inhaltsverzeichnis

Thema	Seite
1. Einleitung	8
2. Eine teure Sucht	13
3. Fastfood	19
4. Süßigkeiten	21
5. Zwischenfazit	24
6. Zinseszinseffekt	27
7. Genaues Aussuchen	31
8. Manchmal ist es die Marke	34
9. Etwas übrig?	37
10. Fazit	40
11. Wertpapiersparplan	42
11.1 Vorteile	44
11.2 In was kann man investieren?	49
11.3 Kosten	52
11.4 Die Psyche zählt auch – Crash	53
12. Wichtiges „Know-how" über Geld	57
12.1 Endlich Schulden(frei)!	64
12.2 Geld macht glücklich?	67
12.3 Investieren	70

12.4 Gehaltserhöhungen	74
12.5 Pay yourself first	77
12.6 Unnötiger Kram	79
12.7 Das eigentliche Risiko ist die Sicherheit	81
12.8 Sicher fühlen	86
12.9 Mindset	88
12.10 Nutze deine Interessen	90
13. Das wichtigste Investment	94

1. Einleitung

Du wolltest schon immer mal ohne großen Aufwand in Zukunft reich sein und dir Sachen leisten können, die bisher nur Zukunftsmusik waren? Vielleicht ein neues Auto, Designerkleidung, ein Haus oder eine Wohnung? Eine teure Uhr oder ganz einfach nur mehr Geld haben? Wusstest du, dass du Geld verdienen beziehungsweise Vermögen aufbauen kannst, während du an einem Strand liegst, dich sonnst und einen Cocktail genießt?

Man kann selbstständig sein, ein Unternehmen führen und die Mitarbeiter arbeiten lassen. Aber es geht in kleinerer Form auch, ohne selbstständig zu sein oder mehrere Jahre etwas studiert zu haben. Das, was du brauchst, hast du bereits. Du brauchst dich, den Willen und ein Ziel. Sag niemals nie.

Sicherlich hast du schon einiges über Geldanlage, Aktien, Immobilien oder Fonds gehört. Sei es bei der Hausbank, im TV oder in der Tageszeitung am Frühstückstisch. Doch was steckt dahinter?

Durch eine Investition in solche Anlagen lässt du arbeiten. Du hast keinen Chef mehr. Niemand kann dir vorschreiben, wie du etwas zu machen hast - frei in Überlegungen und Handlungen (solange es nicht gegen Gesetze verstößt). Die Wahl der Anlage ist dir überlassen. Welche Immobilie oder Aktie es sein soll, in welche du investierst, kannst ganz alleine du entscheiden. Das Geld arbeitet für dich. Es wird ein Anteil an einem Unternehmen oder eine Immobilie erworben.

Die hauptsächliche Arbeit besteht da drin, ein Investment ausfindig zu machen, welches profitabel ist und gute Zukunftsaussichten hat.

Ist das erst einmal gefunden und dort investiert, musst du lediglich noch in regelmäßigen Abständen kontrollieren und über neue Ereignisse nachdenken.

Du hast nur 24 Stunden am Tag Zeit. Mehr als diese Anzahl an Stunden pro Tag kann nicht gearbeitet werden. Du könntest 24 Stunden am Tag arbeiten, würdest aber nie mehr als diese Anzahl der Stunden bezahlt bekommen. Das Ergebnis liegt darin, Geld zu investieren und dadurch Zeit und Geld zu erhalten.

Mit einem guten Investment generierst du passives Einkommen. Für das Beispiel nehmen wir an, du erhältst jeden Monat 500 € durch die Anlagen. Wenn das monatliche Gehalt von der Arbeitsstelle 2000 € beträgt, könntest du 1/4 der Zeit im Monat freinehmen und würdest am Ende des Monats das gleiche Gehalt erhalten. Somit bringt das Investment in erster Linie Geld, mit welcher Zeit gekauft werden kann.

Auch wenn es für viele Leute nicht real klingt: Es ist gar nicht so schwer oder mit viel Aufwand verbunden, solch etwas zu erreichen. Ich bringe dir hier im Buch einige kleine aber wirkungsvolle Details näher, die dich vielleicht schon in kurzer Zeit zu einer vermögenderen Person machen als jetzt gerade. Und das beste dabei ist, du musst dich nicht einmal groß einschränken – du wirst es kaum bemerken.

Je eher du damit anfängst, desto besser und schneller wird alles funktionieren. Wir sind hier nicht mehr bei dem kleinen „*Ein mal Eins*" aus der Grundschule, nein. Wir befinden uns auf einer anderen Ebene der Mathematik, auf einer sehr wirkungsvollen:

Exponentielles Wachstum!

2. Eine teure Sucht

Was sagst du dazu, wenn ich behaupte, dass der Kaffee morgens an der Tankstelle auf dem Weg zur Arbeit und die Schachtel Zigaretten jeden zweiten Tag, fast 700.000 € Wert haben könnten?

Ich möchte es dir erklären. Nehmen wir an, du gehst 5 Tage die Woche arbeiten. Das wären 20 Tage im Monat. Auf dem Weg zur Arbeit holst du dir an der Tankstelle nebenan einen Kaffee. Da ist nichts gegen einzuwenden, jeder soll das machen, was er möchte. Doch ich zeige dir gleich, was für ein Potenzial dahinter steckt.

Der Kaffee kostet dich 2,50 €. Das sind für eine Woche 12,50 €. In einem Monat kommen somit 50,00 € zustande.

Nebenbei hast du dir vielleicht in der Jugend das Rauchen angewöhnt (eventuell ist der finanzielle Aspekt gleich ein Grund, doch noch damit aufzuhören). Zum momentanen Zeitpunkt, das Jahr 2019, kostet eine mittelgroße Schachtel Zigaretten 8 €. Nehmen wir an, du rauchst in der Regel diese Schachtel in zwei Tagen leer. Somit holst du dir alle zwei Tage eine neue Schachtel und gibst 8 € aus. Das wären in der Woche 28,00 €, die für Zigaretten ausgegeben werden. Im Monat würden sich die Kosten dafür auf 112 € belaufen - auch wenn ich aus Freundeskreisen immer viel höhere Zahlen höre. Aber im Endeffekt dient es ja nur der Darstellung einer Rechnung.

Summa summarum betragen die monatlichen Ausgaben für die Zigaretten und den morgendlichen Kaffee 162 €. Jährlichen sind das dann schon ganze 1.944 €.

688.864,59 €! Das ist doch mal eine Zahl. Das ist das Geld, was du nach 40 Jahren hättest. Allerdings ist daran eine Bedingung geknüpft. Und bevor du jetzt die Augen verdrehst - damit ist für dich fast keine Arbeit verbunden.

Du hast sicherlich mal etwas von Aktien gehört oder Wertpapiersparplänen. Klingt immer komplizierter, als es eigentlich ist. Darauf gehe ich später kurz ein. Die 162 € jeden Monat, in einen solchen Sparplan für 40 Jahre investiert, ergeben mit der historisch durchschnittlichen Rendite von etwa 9 % fast 700.000 €.

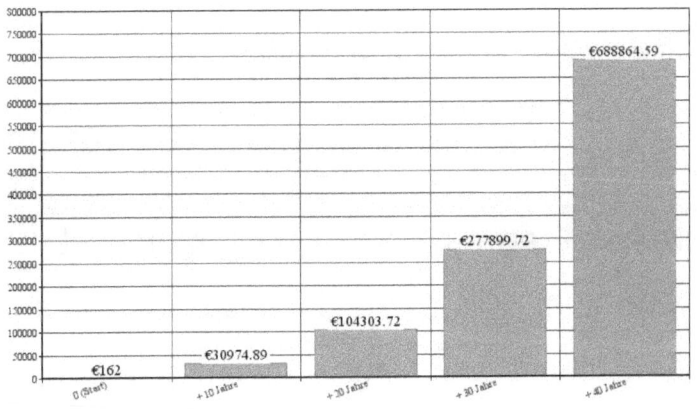

Und dafür müsstest du eigentlich nichts tun. Zigaretten sind aus der Mode, stinken, schaden der Gesundheit und lassen in vielen Fällen das Herz vor dem biologischen Alter aufhören zu schlagen. Das Zigaretten den Stress mildern sollen ist auch widerlegt.

Durch die Gewöhnung an die Substanzen wird gerade deswegen Stress erzeugt. Ergo bleibt der Stresslevel auf der Arbeit oder sonst wo auf dem gleichen Stand wie vorher.

Lediglich der Stresslevel der Entzugserscheinungen ist beigelegt. Also selbst verursachter, unnötiger Stress, welcher auch noch teuer ist.

Ich habe etwas vergessen. Du musst noch etwas tun. Klingt tragisch. Du müsstest dir einen Kaffee zu Hause machen und diesen mitnehmen. Je nachdem welches Pulver, Pads,

Kapseln oder Bohnen du verwendest, kostet dich dann dein eigener Kaffee 0,10 € bis 0,25 €. Zeitlich gesehen sparst du dabei auch noch Zeit. Du musst nicht in die Tankstelle oder Bäckerei gehen.

Also was spricht dagegen, vielleicht mal an den eigenen Gewohnheiten etwas zu ändern oder diese zumindest zu überdenken.

Die Person, die etwas ändern kann, die dich reicher beziehungsweise vermögender machen kann, bist ganz alleine DU selbst! Es liegt an dir, wie du später lebst, ob dich etwas erfüllt oder ob du glücklich bist.

Manchmal muss man den Schritt aus dem Alltagstrott heraus wagen. Raus aus der Komfortzone. In der Komfortzone ist alles so, wie es seit einiger Zeit schon ist, wie dein Leben in dem Bereich läuft. Vielleicht nicht nur seit einiger Zeit, vielleicht ja sogar schon Jahre. Zeit für etwas Neues!

3. Fastfood

Du sitzt abends zuhause auf der Couch und schaust einen Film, kommst vom Sport und bist erschöpft oder hast einfach keine Lust dir etwas zu Essen zu machen. Da liegt es nahe, schnell zum Handy zu greifen und mal eben eine Pizza zu bestellen. Ohne dich großartig zu bewegen hast du dein Essen ein paar Minuten später vor Ort. Bequem, definitiv.

Neben dem morgendlichen Kaffee gibt es auch Personen, welche die Currywurst nach dem Feierabend in ihre Tagesroutine integriert haben. Da stellt sich die Frage, ob man es braucht oder ob es eine Angewohnheit ist und man deshalb den Gedanken pflegt, dass man es braucht. Braucht man eine Currywurst? Nein. Da wären wir wieder bei dem Thema Komfortzone und Angewohnheiten.

Ich möchte nicht abstreiten, dass das auf jeden Fall dazu gehört und man nicht gänzlich darauf verzichten sollte. Dazu ist Pizza oder auch ein Döner definitiv zu lecker! Aber man muss es ja nicht übertreiben.

Zu viel Fastfood schadet nicht nur der Gesundheit, sondern auch dem Geldbeutel und eventuell auch der Figur.

Nehmen wir an, im Monat werden 40 € für Fastfood ausgegeben. Sei es Pizza, Döner, belegte Brötchen oder sonst was.
Die Hälfte, 20 €, geben wir nicht nicht aus, sparen und investieren sie. Jedes zweite Mal verzichtest du einfach darauf.

Wenn du wirklich keine Lust hast dir Zuhause etwas zu Essen zu machen, nimm dir doch zum Beispiel ein Müsli. Das dauert nicht lange, ist gesünder und kostengünstiger.

Im Endeffekt liegen hier 20 € zur Verfügung, welche investiert werden können. Erhöhen wir die Sparrate von 162 € auf 182 € und legen diese 40 Jahre lang an der Börse in einem Wertpapiersparplan an. Das Vermögen erhöht sich von vermutlich 688.000 € auf 774.000 €. Das sind 86.000 € mehr.

4. Süßigkeiten

Zwischendurch mal einen Cookie oder eine Packung Weingummi vor dem Fernseher? Vollkommen okay. Darauf soll man auch nicht verzichten. Wie bereits erwähnt, DU bist für dein Ziel und deine Vision verantwortlich.
Es liegt einzig und allein an dir, worauf du Wert legst.

Wenn es dein Ziel ist, mal sehr vermögend zu sein, nimm doch auch den folgenden Ratschlag an.

Du hast es mittlerweile zu einer Gewohnheit gemacht, jeden Samstagabend das TV Programm bis spät in die Nacht durchzuschauen. Dazu gehören natürlich auch ein paar Cookies, Weingummis, Chips oder andere Snacks. Dagegen ist auch nichts einzuwenden.

Doch hast du schonmal drüber nachgedacht, nur die Hälfte davon zu kaufen oder zu essen?

Nehmen wir mal an, die Süßigkeiten kosten zusammen 10 €. Addiert für einen Monat wären das 40 €. Wie auch mit dem Fastfood halbieren wir einfach die Menge – Süßigkeiten für nur 20 €.

Nun haben wir weitere 20 € zur freien Verfügung. Auch diese investieren wir und packen sie auf die monatliche Sparrate obendrauf. Diese beträgt dann nicht mehr 182 €, sondern 202 €.

Aus den 774.000 € mit einer monatlichen Sparrate von 182 € werden dann ganz einfach etwa 860.000 €. Wieder 86.000 € mehr.

5. Zwischenfazit

Nun sind wir bei 860.000 €. Was kann man mit dem Geld und dessen Kaufkraft in der heutigen Zeit kaufen?

Wir stellen einfach mal ein Luxus Paket zusammen.

- Einen luxuriösen Coupé oder SUV für 205.000 €.
- Dazu kommt natürlich noch eine Luxusuhr mit 12.500 €.
- Eine Luxushandtasche für 1.000 €.
- Ein modernes großes Haus in bester Lage oder ein traumhaftes Penthouse für 400.000 €.
- Ein Urlaub deiner Träume für 10.000 €.

So, materiell gesehen wärst du ziemlich stark aufgestellt würde ich behaupten. Und dir bleiben trotz all dem Luxus immer noch etwa 230.000 € übrig!

Du könntest natürlich auch das Geld *„liegen lassen"* und Dividende kassieren. Dividende ist an der Börse der Zins, wie er von Sparbüchern bekannt ist. Allerdings etwas höher.

Während die Banken momentan etwa 0,05 % bis 0,10 % zahlen, kann man an der Börse ohne Probleme ganze 2,50 % erreichen. Von den 860.000 € wären 2,50 % satte 21.500 €. Auf den Monat heruntergebrochen kämen dabei etwa 1.800 € raus.

Rein theoretisch könntest du deinen Job kündigen und von den Dividenden leben.

Da man an der Börse, vor allem im Laufe der

Zeit, von dem Zinseszins Gewinn macht, möchte ich noch ein weiteres Beispiel geben.

Die 860.000 € liegen nun in Aktien auf dem Depot (Aktienkonto). Die angenommene durchschnittliche historische Rendite von circa 9 % würde aus den 860.000 € ohne Zuzahlung ein einziges Jahr später 937.000 € machen. 77.000 € mehr.

Es gibt mehrere Möglichkeiten damit umzugehen.

Zu den oben genannten Dingen: Wenn einer etwas als unerlässlich empfindet, dann wird es nicht weggelassen. Im Endeffekt muss man sich damit wohlfühlen und seine Prioritäten ordnen.

6. Zinseszinseffekt

Da das meiste Potenzial zum Aufbau von Vermögen in dem Zinseszinseffekt steckt, möchte ich darauf noch etwas genauer eingehen.

Der Zinseszins ist eigentlich ganz einfach: Auf angelegtes Kapital, zum Beispiel Aktien, erhält man in der Regel Zinsen (bei Aktien ist es die Dividende). Diese Zinsen werden der Anlage gutgeschrieben.

Wenn 100 € angelegt sind und es eine Dividendenrendite von 10 % gibt, ist nach der Ausschüttung der Dividende das Investment 110 € wert.

100 + 10 % = 110

Wenn man diese Zinsen nicht abhebt, wie beispielsweise ein Gehalt, verbleiben sie in der Anlage. In der darauffolgenden Zinsperiode werden neben der ursprünglichen Anlage (100 €) auch die ersten Zinsen in Höhe von 10 € verzinst.

110 + 10 % = 121

Es werden also die erhaltenen Zinsen nochmal verzinst. Das setzt sich immer weiter fort, bis das Geld abgehoben beziehungsweise die Aktien verkauft werden.

Auf den zwei nachfolgenden Seiten werden zwei Abbildungen dargestellt, welche den Zinseszinseffekt verdeutlichen sollen. Vergleicht man die Summen, welche am Ende herauskommen, erkennt man einen erheblichen Unterschied zwischen den beiden Abbildungen beziehungsweise Investments.

Die **erste Abbildung** zeigt eine Anlage von 100 €. Dieses Investment wird mit 10 %, also 10 €, per annum verzinst. Der Zinseszinseffekt wurde hier extra ausgelassen. Es werden dem Investment also jedes Jahr die gleichen 10 € zugeschrieben.

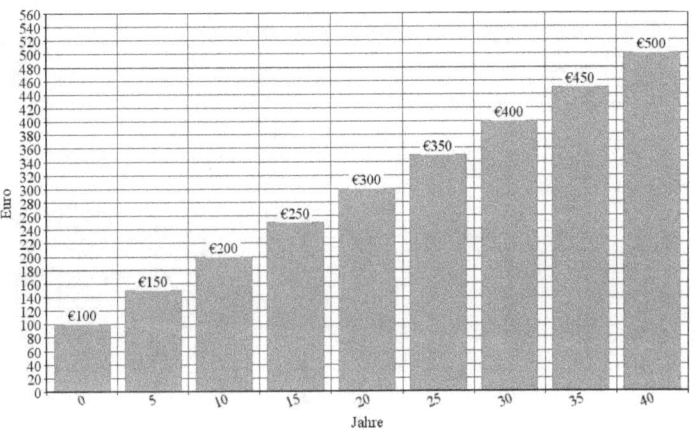

Zum Start beträgt das Investment 100 €. Durch die jährliche Steigerung von 10 € erreicht das Investment nach 40 Jahren einen Wert von 500 €.

Die **zweite Abbildung** zeigt das gleiche Investment wie im Beispiel eine Seite zuvor. 100 € Startkapital mit einer jährlichen Verzinsung von 10 %. Diesmal wurde der Zinseszinseffekt berücksichtigt und mit in die Darstellung reingenommen. Der Unterschied wird sofort deutlich.

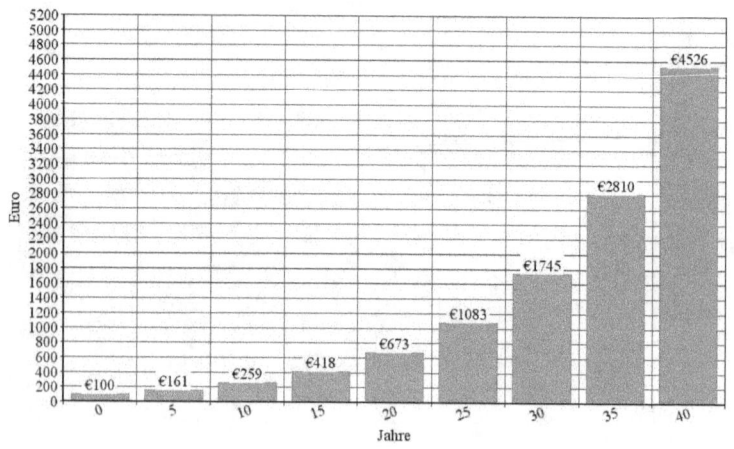

Aus den anfänglichen 100 € wurden nach 40 Jahren 4526 €! Das sind 4026 € mehr als im Beispiel ohne den Zinseszins. Und das nur dafür, dass man das Investment „*in Ruhe lässt*".

7. Genaues Aussuchen

„Das gefällt mir eigentlich gar nicht. Ich weis nicht, wieso ich das gekauft habe."

Kommt dir dieser Satz bekannt vor? Du hast etwas im Internet bestellt und wenn es ankommt, fällt dir auf, dass es eigentlich unnötig ist. Anschließend steht es, ohne benutzt zu werden, dumm im Haus herum – rausgeworfenes Geld.

Dasselbe gilt für Kleidung. Du bist shoppen und findest eine coole Jacke. Die musst du SOFORT haben. Sie wird mit zur Kasse genommen und gescannt. Du bist glücklich die Jacke gekauft zu haben. Kaum bist du zuhause, hast sie ausgepackt und nochmal angezogen, gefällt sie dir noch *„so la la"*. Du hängst sie in den Schrank. Zwei Wochen später gehst du mit dem Gedanken an deinen

Schrank die Jacke anziehen zu wollen.

Doch irgendwie passt sie nicht zu dem Rest der Klamotten, passt oder gefällt doch gar nicht mehr so gut wie ursprünglich. Somit hängt sie jetzt, ohne benutzt zu werden, im Schrank rum.

Versuche mal folgendes: Wenn dir etwas gefällt, schau es dir ganz genau an und geh weiter. Im Internet, speicher die Seite und mache etwas anderes. Nach 10 bis 20 Minuten schaust du dir den Artikel noch mal an. Wenn er dir dann immer noch gefällt, kauf ihn. Doch bei manchen Artikel wirst du merken, dass er seine Kraft verloren hat. Es war nur der erste Augenblick.

Wir gehen mal davon aus, du sparst dir zwei Artikel im Jahr, sei es online oder im Geschäft in der Stadt. Die Artikel kostet jeweils 60 €. Somit hast du 120 € mehr zur freien Verfügung.

Natürlich wird dieses Geld mit in die Gesamtsparrate gerechnet.

Diese teilen wir auf zwölf Monate auf – je 10 €.

Dann werden aus der monatlichen Wertpapiersparplanrate ganze 212 € anstatt der 202 €.

Das würde sich auch im Ergebnis widerspiegeln. Der Anlagebetrag aus unserer hiesigen Rechnung nach 40 Jahren von 860.000 € mit der Sparrate von 202 € würde auf stolze 901.000 € ansteigen!

Das sind 41.000 € mehr als zuvor.

8. Manchmal ist es die Marke

Es gibt Artikel, bei denen spiegelt sich der Preis nicht in der Qualität wider. Das kann man auf viele Bereiche beziehen. Nehmen wir zum Erklären die Getränke.

Du kannst beispielsweise eine Limonade für 2 € pro Flasche kaufen oder von einer *„no-name Marke"* für 1 €. Das wäre eine Ersparnis von 50 %.

Es gibt Trinkwasser für 10 € pro Liter. Es gibt aber auch welches für 0,5 € pro Liter. Das muss nicht zwangsläufig heißen, dass es schlechter ist. Manchmal müssen Produkte so teuer verkauft werden, da das Marketing aufwendig ist und die Marke einen bestimmten Ruf hat. Viele Leute denken, dass teuer besser ist.

Natürlich soll man gerade bei Lebensmitteln im Hinblick auf Qualität keine Abstriche machen.

Probiere doch einfach mal Artikel von anderen Marken, welche nicht so teuer sind. Vielleicht überzeugen sie dich.

Nehmen wir mal als Rechenbeispiel an, dass du im Monat Getränke für 200 € einkaufst. Der Einfachheit halber nehmen wir auch hier eine Ersparnis von 50 %. Also würdest du anstatt 200 € nur 100 € ausgeben. Auch hier wäre eine stolze Summe frei verfügbar zum Investieren. Du wirst dich wundern, was der Betrag, monatlich investiert, an dem Endbetrag ändert.

Durch eine monatliche Sparrate im Sparplan von 212 € kamen wir auf 901.000 €. Mit 100 € mehr, 312 €, tauchen hier ganz andere Dimensionen auf.

Dank der Rendite von 9 % pro Jahr würde nach 40 Jahren Anlagezeitraum ein Betrag von 1.327.000 € rauskommen. 1,3 Millionen Euro!

9. Etwas übrig?

Vielleicht hast du ja noch ein paar Taler im Monat übrig oder sparst sowieso schon ein bisschen. Rechnen wir doch einfach mal, was mit der Sparrate und dem Endbetrag passieren würde, wenn zusätzlich etwas dazu getan wird.

Wir waren bei einer Sparrate von 312 € und einem Endbetrag von 1.327.000 €. Dabei hättest du effektiv 149.760 € selbst eingezahlt und einen Vermögenszugewinn von 1.176.000 € erhalten.

Nachfolgend sind weitere Beispiele aufgeführt, welchen Betrag man mit einer bestimmten Sparrate hätte. Voraussetzung dafür ist, dass das Geld auch angelegt wird und die historische Rendite in etwa getroffen wird.

+50 €

Mit einer Sparrate von 362 € würde der Endbetrag bei 1.539.000 € liegen. 1,5 Millionen!

Effektiv selbst eingezahlt: 173.760 €

Erhaltenes Vermögen: 1.365.000 €

+100 €

Mit einer Sparrate von 412 € würde der Endbetrag bei 1.752.000 € liegen. 1,7 Millionen Euro!

Effektiv selbst eingezahlt: 197.760 €

Erhaltenes Vermögen: 1.554.000 €

Auf der nächsten Seite ist das Beispiel mit einer Sparrate von insgesamt 500 € aufgeführt. Dazu ein Diagramm, welches den enormen Wertzuwachs verdeutlichen soll. Dabei wird außerdem deutlich, welchen Effekt der Zinseszins hat.

Sparrate: 500 €

Effektiv selbst eingezahlt: 240.000 €

Erhaltenes Vermögen: 1.886.000 €

Insgesamt: 2.216.000 € ~ 2,2 Millionen!

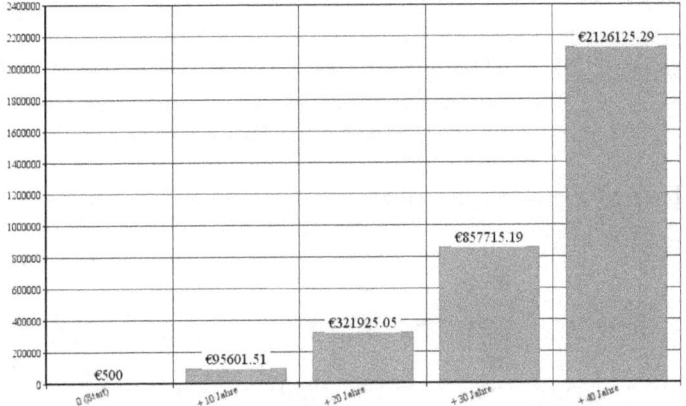

10. Fazit

Man muss nicht großartig auf etwas verzichten. Lediglich muss man seine Angewohnheiten ändern – aus der Komfortzone austreten und in ein neues, finanziell freieres Leben treten. Bei den oben aufgeführten Angewohnheiten wäre es auch allemal gesünder diese zu ändern.

Je früher man mit solchen Sachen anfängt, desto eher kann man Millionär werden, noch mehr Vermögen aufbauen und wohlhabender werden!

Und, wenn wir mal ehrlich sind...auf die Hälfte der Süßigkeiten verzichten oder nur jedes zweite Mal Pizza bestellen...das ist nicht schlimm. Und welch einen Mehrwert man dadurch bekommt ist Wahnsinn!

Wenn DU den Willen hast, das Ziel vor Augen, große Zukunftspläne oder dir einen Traum erfüllen möchtest, dann kannst auch du es schaffen!

Das Anfangen ist alles. Ich erkläre im folgenden Kapitel noch den Wertpapiersparplan und wie man sich diesen einrichtet.

„Der erste Schritt ist der WICHTIGSTE, dennoch vergänglich, wenn der Weg nicht zu Ende gegangen wird."

11. Wertpapiersparplan

Was ist eigentlich ein Wertpapiersparplan?

Ein Wertpapiersparplan ist eine Methode, mit welcher man auch kleine Beträge in regelmäßigen Abständen automatisiert in beispielsweise Aktien investieren kann.

Es können diverse Einstellungen vorgenommen werden:

Der Sparintervall – jeden Monat, jedes Quartal, jedes halbe Jahr oder jährlich.

Dynamisierung – soll sich die Sparrate jährlich um einen bestimmten Prozentsatz automatisch erhöhen?

Gesamtsparrate und Aufteilung – Wie viel möchtest du pro Intervall investieren und wie diesen Betrag auf die verschiedenen Aktien aufteilen?

Erster und letzter Kauf – Stelle ein, wann du anfangen und aufhören möchtest. Du musst kein Enddatum angeben. Nur falls du sagst, dass du insgesamt nur drei Jahre sparen möchtest.

Aussetzen von –> bis – Du kannst im Vorfeld bestimmen, wenn du möchtest, ob du in bestimmten Monaten aussetzen möchtest.

Welche Aktien - Suche dir einfach Aktien aus (später mehr).

Kauftag – Kauf zum 1., 7., 15., oder 23. des Monats.

11.1 Vorteile

Bei einem Wertpapiersparplan hast du die Möglichkeit, schon ab 25 € in einzelne Aktien zu investieren. Dies ist nicht der Normalfall. An der Börse selbst ist es nur möglich, ganze Aktien zu kaufen.

Beispiel:

Aktie A kostet 1.000 € und deine Sparrate beträgt 100 €. Mit dem Sparplan könntest du somit 0,1 Stück erwerben.

Ohne den Sparplan, direkt an der Börse, müsstest du 10 Monate die 100 € sammeln um dir die Aktie kaufen zu können. Dort gibt es keine Möglichkeit, Bruchstücke zu erwerben.

Ein weiterer Vorteil ist, dass ein sogenannter „**Cost-Average-Effekt**" eintritt.

Soll heißen, dass der durchschnittliche Kurswert, zu welchem die Bruchstücke gekauft werden, angepasst werden kann. Mit einzelnen Aktien wäre es ärgerlich, wenn sie gekauft werden und im Anschluss lange Zeit schlecht laufen und im Preis fallen.

Mit den Sparintervallen würdest du mal günstig und mal teuer einkaufen. Dadurch würde ein Mittelwert entstehen.

Nachfolgend wird ein Beispiel aufgeführt und ein passendes Diagramm zur Verdeutlichung dargestellt.

Beispiel:

Aktie A 100 € mit Sparrate 50 € = 0,5 Stück

Aktie A 50 € mit Sparrate 50 € = 1,0 Stück

Aktie A 150 € mit Sparrate 50 € = 0,33 Stück

Das ergibt einen durchschnittlichen Erwerb von 0,61 Stück pro Intervall oder einen durchschnittlichen Kaufkurs von 100 €.

Im Diagramm sind die Preise für die Aktie A abgebildet sowie der Ø- Kaufpreis.

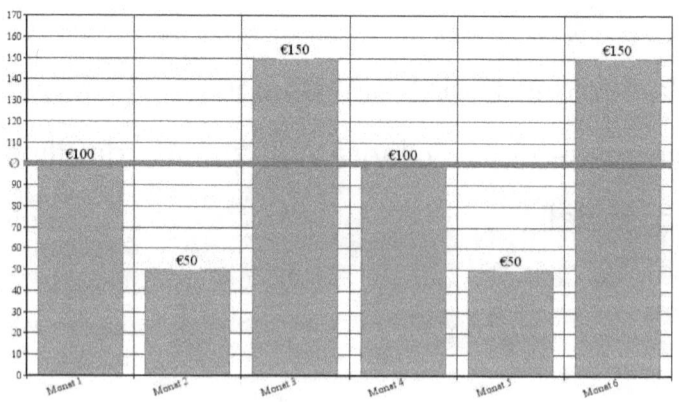

Es besteht natürlich auch die Möglichkeit, die Aktie A an der Börse selbst zu kaufen. Es kann das ungünstige Szenario eintreten: es werden Aktien zum Wert von 150 € erworben und der Preis fällt.

Andersrum kann auch das günstige Szenario eintreten. Die Aktien werden bei 50 € gekauft.

Doch hier meine Frage: Weißt du, wann die Aktie XY günstig und wann teuer ist? Auch wenn viele Börsenprofis so tun als wüssten sie es, eine Glaskugel hat niemand.

Also ist meiner Meinung nach mit den Sparintervallen ein wesentlicher Vorteil gegeben.

Nice 2 know:

Den Wertpapiersparplan kannst du jederzeit kostenlos ändern. Du stellst morgens ein, dass du 100 € am 1. des Monats für Aktie X und Y aufgeteilt hast zum Investieren. Mittags fällt dir auf, dass du doch mehr Geld hast und eine Aktie durch eine andere austauschen möchtest – Kein Problem. Du kannst ihn sofort ändern.

Ist er eingestellt, so wie du es möchtest, investiert er fortlaufend nach deinen Einstellungen.

11.2 In was kann man investieren?

Die Banken, meist Onlinebanken, haben eine breite Auswahl an einzelnen Aktien, welche bespart werden können.

Darunter auch ETF´s (exchange-traded fund). Das ist ein Fond, welcher elektronisch gemanagt wird. Das heißt, es fallen wesentlich geringer Gebühren an. Der Vorteil beträgt in dem Bereich etwa 1 % bis 2 % pro Jahr. Während ein ETF ab etwa 0,07 % Gebühr im Jahr auskommt, liegt ein aktiv gemanagter Fond bei gut und gerne 1,5 % bis 3 % im Jahr.

Ein ETF:
Stell dir einen Topf vor. Dieser Topf hat einen Namen wie beispielsweise *„Automobilsektor"* oder *„Gesundheitsbranche"*.

In diesem Topf sind zahlreiche Aktien aus dem Bereich enthalten.

Kaufst du nun einen ETF, hältst du, vereinfacht gesagt, Anteile an vielen verschiedenen, extra ausgesuchten Aktien. Nicht nur eine einzelne – sie sind ja alle in diesem „*Topf*". Das hat wiederum den Vorteil, dass du das Risiko verteilst.

Kommen bei einem Unternehmen schlechte Nachrichten auf und der Kurs der Aktie fällt, ist das nicht so schlimm, wenn es eine von vielen Aktien ist. Es ist aber schlimm, wenn es die einzige Aktie ist, die du besitzt. Dein Risiko ist somit breiter aufgeteilt.

Vereinfachte Beispiele:

-DAX (Die 30 wertvollsten Unternehmen aus Deutschland)

-TecDax (Die 30 größten Technologieunternehmen bezüglich des Unternehmenswerts)

-Dow Jones (Die 30 wertvollsten Unternehmen aus den USA)

-NASDAQ100 (Die 100 wertvollsten Unternehmen aus den USA, welche nicht im Finanzsektor sind)

-S&P500 (Die 500 wertvollsten Unternehmen aus den USA)

-MSCI World (1644 Aktien aus 23 Industrieländern)

11.3 Kosten

𝓔in Sparplan ist leider nicht umsonst. Die Kosten sind meiner Meinung nach aber sehr gering und sind in einem Preis-Leistungs-Verhältnis sehr gut.

Je nach Bank variieren die Kosten. Um einen Überblick zu bekommen, nehmen wir 1,5 % pro Aktie pro Kauf an.

Beispiel:

Sparrate für Aktie A beträgt 50 €.

Sparrate für Aktie B beträgt 25 €.

(1,5 % von 50 €) + (1,5 % von 25 €) = 1,125 €

Es werden also Aktien für 73,875 € gekauft und 1,125 € Kosten gezahlt.

11.4 Die Psyche zählt auch - Crash

*E*s wird nicht immer bergauf gehen. Darüber musst du dir im Klaren sein. Es kann passieren, dass die Börse einen „*Crash*" erleidet.

Die Dotcom - Blase
Vom Jahr 2000 bis zum Jahr 2002 fiel der NASDAQ beispielsweise um 80 %.

9/11
Am 11.09.2001 wurden die Terroranschläge an dem World Trade Center verübt. Die Börse wurde für vier Tage „*ausgesetzt*". Am ersten Tag der Eröffnung verlor der DAX 8,5 %.

Lehman Krise mit Kettenreaktion

Im Jahr 2008 ging die Investmentbank Lehman Brothers pleite. Dadurch wurden fatale Kettenreaktionen an den Finanzmärkten weltweit ausgelöst.

Unternehmen gingen pleite oder verloren bis zu 80 % ihres Wertes in kurzer Zeit.

Was soll das aussagen, das ist doch total negativ?

Jein! Natürlich ist das ärgerlich. Allerdings als Anleger nur, wenn man nach kurzer Zeit, wenn die Kurse um 50 % oder mehr gefallen sind, verkauft hat.

Die Kurse haben sich immer wieder berappelt und sind ein paar Jahre später auf den vorherigen Kurs gestiegen – die Lage hatte sich beruhigt und es wurden Lösungen gefunden.

Die, die intelligent waren und dessen Psyche es mitgemacht hat, die haben gekauft. Gekauft was das Zeug hält. Wieso? Wieso sollte man während eines solchen Crashs kaufen?

Die Aktien fallen, richtig. Doch ist das Unternehmen dadurch schlechter? Wenn es ein gutes Unternehmen ist, wird es vielleicht aufgrund der schlechten Wirtschaft nach einem Crash ein paar Prozentpunkte weniger Gewinn machen. Doch Qualität setzt sich durch. Wenn die Kurse der Aktie um 80 % fallen, ist das Unternehmen immer noch dasselbe wie vorher.

Und das Beste an allem! Aktien von einem guten Unternehmen, welche im Zuge eines Crashs gefallen sind, sind wie Artikel im Sale. Die 80 % müssen als Rabatt angesehen werden. Ein solch niedriger Aktienkurs wird nicht lange bleiben.

Die intelligenten Investoren werden in solchen Fällen alle verfügbaren finanziellen Mittel auftreiben und sich mit Aktien eindecken.

Aber um in solchen Situationen genau das Gegenteil von dem zu machen, was der Rest der Menschheit tut, bedarf es einer starken Psyche.

Somit kann es sein, dass ein DAX oder Dow Jones in einem Jahr mal einige Prozent im Minus ist. Es muss nicht immer ein Crash sein, es kann auch einfach mal ein schlechtes Jahr sein. Dann sind am Ende des Jahres keine durchschnittlich historischen 9 % im Buch. Doch vermutlich steigt der DAX oder ähnliche Indizes dafür im nächsten Jahr um so mehr.

„In der Ruhe liegt die Kraft."

12. Wichtiges „Know-how" über Geld

Ich möchte in dem hiesigen Teil noch weiter auf das Thema Geld eingehen. Oftmals sind die Einstellungen gegenüber Geld negativ. Zu Unrecht. Eines der häufigsten Vorurteile im Hinblick auf Geld ist, dass andere, bestimmte Menschen, damit nicht umgehen können. Ein weiteres Vorurteil, welches jeder kennt: Geld macht den Mensch arrogant.

Das Kapitel in diesem Buch soll mit diesen Vorurteilen abschließen.

Geld ist etwas Herrliches. Jedem Menschen sollte es ab seiner Geburt zustehen, Wohlhabend zu werden zu können. Jeder kann ein großes Vermögen anhäufen und eine satte monatliche Summe verdienen. Doch dazu ist es unter anderem auch notwendig, dem Geld eine gewisse Aufmerksamkeit, Konzentration, Zeit und Energie zu schenken. Je mehr man sich auf das Ziel und dessen Weg dort hin fokussiert, desto gradliniger wird man die Strecke da hin meistern. Jeder Stein auf dem Weg zum Ziel ist kein Hindernis - es ist eine Möglichkeit, noch mehr zu lernen und das Wissen noch weiter zu verbessern und intensivieren.

Es bedarf nicht viel Geld um noch mehr zu machen. Vielmehr braucht es eine Idee, Fantasie oder eine Vision. Die wertvollsten Unternehmen der Welt basieren auf kleinen und klugen Ideen oder wahnsinnigen Visionen. Doch diese Personen haben an sich geglaubt. Sie haben an sich selbst und an ihre Idee geglaubt und angefangen.

Die meisten Menschen planen ihre persönlichen Finanzen oder die Altersvorsorge nicht so intensiv, wie die Anschaffung eines neuen Computers oder eines Handys. Es werden technische Daten abgeglichen und das Design genau geprüft. Das Gerät muss ja zu dem Tisch und der Wandfarbe passen. Der Preis wird noch über viele Internetseiten verglichen um den letzten Cent herauszuholen.

Doch genau das ist der falsche Ansatz. Konsum ist eine wichtige Sache. Sie sollte auf jeden Fall bestehen und Spaß machen. Doch darf dafür nicht das komplette Geld drauf gehen. Dadurch entstehen unnötige Schwierigkeiten, wenn es im Leben mal ernst wird. Dann bereiten die persönlichen Finanzen Probleme. Alleine bei finanziellen Problemen bleibt es meist aber nicht. Durch den Druck der dadurch entsteht leidet auch das Selbstbewusstsein. Auf ein schlechtes Selbstbewusstsein folgen weitere Schwierigkeiten, welche erschwerend hinzukommen, die finanzielle Situation wieder in den Griff zu bekommen – ein weniger Teufelskreis.

Die Ausreden für eine schlechte finanzielle Situationen, weshalb nicht gespart werden kann, sehen oft so aus: *„Stress auf der Arbeit oder zu Hause, keine Zeit, Kopf nicht frei, gerade schlecht, unpassende Situation"*.

Schnell werden in diesem Thema falsche Prioritäten gesetzt. Die meisten Leute wollen erst einmal ihre Ausbildung oder das Studium absolvieren, ehe sie sich über den Aufbau von Wohlstand Gedanken machen. Danach steht noch ein neues Auto an und die neuen Möbel für die Wohnung. So sind nochmal etliche Jahre vergangen...

Heutzutage muss alles schnell gehen. Alle wollen schnell das Studium abschließen, etwas kaufen, unternehmen oder umsetzen. Doch die Antwort von vielem liegt nicht in der Geschwindigkeit in welcher ein Schritt gegangen wird, sondern in der Richtung. Auch ein schneller Schritt kann in die falsche Richtung gehen. Um so öfter ein Schritt in die falsche Richtung gelaufen wird, desto weiter ist das Ziel entfernt.

Du hast die Instrumente dafür auf deinem Smartphone. Eine Uhr und einen Kompass. Der Kompass zeigt die Richtung an. Die Schritte müssen nach dem Kompass gerichtet sein. Er wird den Weg zum Glück zeigen. Die Uhr tickt. Sie tickt und zeigt dir jede Sekunde an. Dir ist klar, dass jede Sekunde, welche vorüber ist, nicht wieder kommt. Du musst also schnell handeln. Schnelle Schritte. Doch zu viel Zeitdruck lässt Raum für Fehler. Fehler, welche Schritte in die falsche Richtung sind. Das Leben darf nicht dich kontrollieren. Du musst das Leben kontrollieren. So ist es auch mit dem Geld. Du musst das Geld kontrollieren, nicht das Geld dich.

Es gibt einen wichtigen Unterschied in Aufgaben. Es gibt „*Wichtige*" und „*Dringende*". Sollten die dringenden Aufgaben als erstes erledigt werden? Nein. Diese spielen überhaupt keine Rolle...

Angenommen du kaust gerne Kaugummi. Jetzt ist deine Packung leer. Dringend musst du dir neue kaufen. NEIN! Das ist keine wichtige Aufgabe. Dringend vielleicht. Aber wichtig ist sie keinesfalls.

Wichtige Aufgaben sollten voranging erledigt werden. Diese Aufgaben haben einen nützlichen Sinn. Alles hat einen Sinn, auch die neuen Kaugummis. Doch muss man sich hier fragen, was „*nützlich*" ist. Die höchste Priorität haben dringende wichtige Aufgaben. Bei diesen ist alles daran zu setzten, sie so schnell und gewissenhaft wie möglich zu erledigen.

Die Gegenwart ist wichtig. Doch was ist die Gegenwart ohne eine Zukunft? Das Leben sollte eine Richtung haben. Hoffentlich in Richtung der positiven Dinge. Dazu dient der Kompass. Er zeigt die Richtung an, nicht die Geschwindigkeit. Mit diesem Weg und klaren Gedanken lässt sich das Niveau auf ein neues, besseres anheben. Ein klares Ziel vor Augen ist die halbe Miete.

12.1 Endlich Schulden(frei)!

Es gibt Personen, die freuen sich, Schulden zu machen. Möglichst schnell und viel. Umso mehr, desto besser. Andere hingegen sind heilfroh, wenn sie den letzten Cent ihrer Schuld beglichen haben und möchten nie mehr welche aufnehmen müssen. Wo liegen die Unterschiede?

Schulden machen reich. Das geht. Wenn für ein Investment Schulden aufgenommen werden, ist das eine gute Sache. Immobilien werden mit 80-100 % Schulden finanziert. Eine tolle Sache. Die eigenen Schulden zahlt der Mieter. Mit einem Unternehmen Geld für 5 % Zinsen aufnehmen ist auch eine gute Sache. Mit dem geliehenen Geld werden dann 10 % Gewinn gemacht. So bleiben 5 % Gewinn nach Abzug der Zinsen übrig.

Es gibt allerdings auch eine andere Art von Schulden: Konsumschulden. Diese machen nicht reich. Sie machen arm. Durch die Werbung der Bank, die Medien, die Gesellschaft und vor allem das nahe Umfeld wird ein Lebensstandard vorgezeigt, welcher auf Krediten beruht. Ein Leben mit Gegenständen, welche nicht sofort bezahlt werden müssen. Überspitzt gesagt: *„Kaufen Sie heute ein Auto und zahlen Sie erst nächstes Jahr den doppelten Preis."*

Es fallen Zinsen an. Doch bei Konsumschulden wird mit dem geliehenen Geld kein Gewinn erzielt. Also sind die Zinsen Kosten. Der Preis eines Produktes liegt nicht mehr bei 100 %. Je nach Bonität bei etwa 103-110 %.

Es wird Geld ausgegeben, welches nicht vorhanden ist. Es wird Geld ausgegeben, welches hoffentlich morgen auf dem Konto ist.

Wenn der Geldfluss doch dann einmal ausbleibt, entsteht ein großes Problem. Vielleicht müssen weitere Zinsen gezahlt werden – Verzugszinsen.

Das Gefühl, sich alles sofort leisten zu können, nimmt ein wenig den Bezug zur Realität. Es gibt keine Belohnung, welche nach einer Zeit des Sparens ansteht. Es wird immer mehr Schein und weniger Sein erzeugt. Das komplette Gegenteil von Wohlstand.

Nach der Rückzahlung von einem Kredit ist man *„Kreditwürdig"* und erhält leichter weitere Kredite. Die neuen *„Schulden"* werden schmackhaft gemacht. Der Kreislauf beginnt wieder von vorne.

12.2 Geld macht glücklich?

Jein. Es kommt immer darauf an, wie man mit Geld umgeht. Oft sieht man aber, dass wirklich erfolgreiche Menschen nicht nur reich, sondern auch glücklich sind. Doch das liegt nicht primär am Geld.

- Reiche glückliche
- Reiche unglückliche
- Arme glückliche
- Arme unglückliche

Es gibt jegliche Art von Reichtum und Glück. Geld alleine macht also nicht glücklich. Es geht um den Umgang damit.

Geld ergibt meiner Meinung nach Sinn, wenn

man damit etwas erreichen möchte. Da gibt es allerdings wieder Unterschiede. Das Erreichen eines neuen Sportwagens macht sicherlich auch für eine kurze Zeit glücklich. Doch Geld zu spenden und zu sehen und wissen, dass mit dieser Spende Leben gerettet werden können, ist um ein Vielfaches mehr Wert als ein Sportwagen. Das Glück dahinter ist nachhaltiger.

Der Umgang mit Geld ist ein weiterer entscheidender Faktor. Die meisten reichen Menschen unterscheiden zwischen Geld und Vermögen. Oftmals besitzen sie mehr Vermögen als Geld. Mit Vermögen meine ich Investitionen. Eine Investition in Aktien, Immobilien, lokale Unternehmen oder die eigene Firma. Das Vermögen kann zu Geld gemacht werden, doch dann arbeitet es nicht mehr eigenständig. Die Kunst liegt darin, Geld für sich selbst arbeiten zu lassen und weniger für Geld zu arbeiten. Durch das Wissen, dass das eigene Geld beziehungsweise Vermögen arbeitet und etwas Produktives vollbringt, hat das Geld mehr Sinn und macht einen glücklicher. Es passiert etwas.

Lasse also dein Geld für dich arbeiten und überlege dir, wie es dich ein Stück weit glücklicher machen kann. Was würde dich stolz machen, wenn du deinen Freunden erzählst, wo du dein Geld investiert hast?

12.3 Investieren

Für viele Menschen ist der Begriff *„Börse"* oder *„Immobilie"* mit sehr viel Arbeit und Wissen verbunden. Das ist richtig. Doch jeder Mensch braucht eine Aufgabe. Am besten wäre es, wenn man seine kostbare Zeit im Leben nicht mit irgendwelchen Computerspielen vergeudet, sondern etwas Tolles lernt. Etwas lernen, was einem selbst Mehrwert bringt. Darin besteht die erste Möglichkeit: Selbst Wissen aneignen und in verschiedenen Formen investieren.

Es gibt, wie in allen Bereichen, auch *„Berater"*. Diese sind in Zeiten des Internets leicht zu finden. Diese verfügen über Wissen, Geld zu investieren. Doch hier darf man nicht vergessen, dass diese Berater von der Provision leben – das ist ihre Arbeit. Ergo versuchen sie, so viel Profit wie nur möglich aus dem Geschäft zu ziehen. Doch für Leute, die nicht über das nötige Know-how verfügen und es sich nicht aneignen wollen, eine Alternative.

Die Börse oder der Immobilienmarkt sind da, sie warten nur auf Käufer und Verkäufer. Es sollte nur das Geld investiert werden, welches in diesem Moment und in den nächsten paar Jahren nicht benötigt wird.

„Ich möchte investieren, aber nur so 3 Monate, dann wäre ich gerne reich."

Eine Aussage, welche ich sehr oft gehört habe. Doch nicht ein einziges Mal konnte ich zustimmen. Das ist eine Traumvorstellung. Wäre diese real, wäre jeder Mensch auf der Welt reich.

Wenn wir also nur Geld investieren, welches

nicht in naher Zukunft benötigt wird, ist schon ein entscheidender Schritt getan. Weiterhin sollte immer ein „*Polster*" aufgebaut werden. Etwa 15 % von dem Geld, welches man investieren möchte. Dieses Geld ist dafür da, um in einem Crash Aktien oder Immobilien nachkaufen zu können. Während eines Crashs sind die Aktien und Immobilien günstiger denn je. Aus der Vergangenheit kann man bei Aktien sehen, dass sie im Maximum bis zu 80 % gefallen sind. Das Unternehmen muss in dieser Zeit nicht schlechter sein als vorher. Also sollten diese -80 % als „*Rabatt*" angesehen werden. Bei einem „*Sale*" im Kaufhaus rennen die Leute den Laden auch ein und kaufen alles was ihnen in die Hände kommt. Aber bei Aktien sind die gleichen Leute immer sehr skeptisch. Doch das Produkt, das Unternehmen, ist nicht schlechter. Im Endeffekt kauft man mit der Aktie nicht nur eine „*Aktie*", sondern ein kleines Teil von dem Unternehmen.

Mit diesen zwei Schritten

- ➢ Geld, welches gerade nicht benötigt wird
- ➢ Polster aufbauen

ist man weiter, als viele, die bereits investiert sind. Ein weiterer Schritt wäre die sogenannte „*Diversifizierung*". Vereinfacht gesagt, dass man nicht alles in eine Sache investieren sollte - also nicht das gesamte Geld in eine Aktie oder Branche.

12.4 Gehaltserhöhungen

Eine Gehaltserhöhung möchte jeder haben. Mehr Geld im Monat zur Verfügung haben schlägt niemand aus. Doch wie erreicht man das? Viele Leute besuchen Fortbildungen, versuchen sich beim Chef einzuschleimen oder machen Überstunden. Ein netter Ansatz, welcher manchmal sogar zum Ziel führt. Doch um das Ziel sicher zu erreichen gehört noch ein wesentlich Aspekt dazu. Selbstvertrauen!

Je mehr Selbstvertrauen eine Person hat, desto besser kommt dieser Person im Unternehmen als Angestellter rüber. Auch ist dies anzuwenden auf Leute, welche selbstständig sind.

Wenn wir davon ausgehen, dass beruflich alles so funktioniert, wie es soll, dann sind wir selbstbewusster. Doch meist scheitert es schon daran. Weil wir glauben, dass uns viel misslingt, versuchen wir es erst gar nicht. Der entscheidende Unterschied liegt in der Häufigkeit. Erfolgreiche Menschen schaffen mehr. Doch wieso ist das so? Sie versuchen mehr. Wir gehen davon aus, dass 20 % aller Vorhaben funktionieren. Ein erfolgreicher Mensch hat *„Blut geleckt"*. Zur Vereinfachung nehmen wir 100 Vorhaben an. Davon würden bei einem erfolgreichen Menschen 20 gelingen. Diese Art von Person hat keine Angst, etwas nicht zu schaffen. Sie geben nicht auf. Am Ende des Jahres können sie allerdings 20 gelungene Vorhaben verbuchen.

Personen, welche nicht selbstbewusst sind, haben Angst vor dem Versagen. Sie probieren jährlich 2 Sachen aus, um ihrem Gehalt einen Boost zu verschaffen. 20 % von 2 Unternehmungen sind 0,4. Es gelingt dieser Art von Person jedes dritte Jahr ein Vorhaben.

Daran sieht man, dass beide Arten von Personen prozentual gesehen gleich viel erreichen. Doch die Selbstbewussten geben nicht auf. Sie wissen, dass harte Arbeit sich auszahlt. Was spricht also dagegen, viel zu unternehmen, selbst, wenn davon der Großteil nicht funktioniert.

12.5 Pay yourself first

Die Zeit zum Sparen ist nie die Richtige oder es passt einfach nicht? Auch diese Ausrede habe ich schon oft gehört. Und ja, es ist lediglich eine Ausrede. Zu Beginn des Monats werden die Beiträge für Versicherungen, Kreditraten oder sonstige Fixkosten vom Konto abgebucht. Diese Kosten sind im monatlichen Budget eingerechnet.

Wenn sich mal die monatliche Rate der Versicherung erhöht ist das zwar ärgerlich, dennoch kommen fast alle Personen damit zurecht. Es wird fest eingeplant. Alles, was fest eingeplant ist, verankert sich im Unterbewusstsein. Wenn von 3000 € monatlich 1000 € Fixkosten sind, rechnet man mit nur 2000 € Budget für den Monat. Dementsprechend gibt man das Geld aus.

Die meisten Leute sagen, dass sie das, was am Monatsende übrig bleibt, sparen. Doch wenn wir wissen, es gibt am 1. des Monats wieder Geld, müssen wir nicht wirklich viel übrig behalten – mit dem Geld kommt man ja aus. Dort ist der Knackpunkt.

Das Geld, welches gespart werden soll, muss mit den Fixkosten abgebucht werden. Lege einen Betrag fest, welcher jeden Monat gespart werden soll. Diesen Betrag überweist du per Dauerauftrag auf ein separates Konto oder lässt es mit einem Aktiensparplan abbuchen. So hast du etwas höhere Fixkosten, doch du hast schon gespart. Du bist das Wichtigste in deinem eigenen Leben! Zahle dich deswegen immer als Erstes aus. Nun hast du dieses Geld den Monat über nicht mehr zur Verfügung und kannst es nicht ausgeben. Es wird dir unterbewusst nicht auffallen. Probiere es aus.

12.6 Unnötiger Kram

Wenn du sagst, dass du kein Geld zum Sparen hast, erstelle ein Bilanzbuch. Schreibe deine täglichen Ausgaben auf. Wenn du dir ein belegtes Brötchen holst, schreibe diese 3 € auf. Holst du dir eine Schachtel Zigaretten, schreibe auch diese 8 € auf.

Hier ein **Beispiel**:

+2000 € Gehalt
-8 €   Zigaretten
-3 €   Belegtes Brötchen
-19 € Buch
-70 € Tanken
...
...

Nun kannst du am Ende des Monats genau sehen, wie viel du für was ausgeben hast.

Anhand des Bilanzbuches kannst du entscheiden, was eigentlich unnötig ist. Brauchst du Zigaretten oder redest du dir das nur ein? Nach 30 Tagen wirst du erstaunt sein, wie viel Geld du übrig hättest, würdest du nicht so viel unnötigen Kram kaufen. Das wäre zum Beispiel das Geld, welches du sparen könntest.

12.7 Das eigentliche Risiko ist die Sicherheit

Das Investieren von Geld ist mit viel Risiko behaftet und das Sparen bei der Bank ist sicher. Eine Annahme, die die meisten Menschen treffen. Doch das Gegenteil ist das Fall. Ein Investment kann für einige Zeit im Wert schwanken. Doch die Aktienmärkte und Immobilien sind für den langfristigen Anblick im ständigen Wachstum. Die Krisen, die gelegentlich mal vorkommen, sind nicht dauerhaft. Das heißt, sie werden überwunden und das Investment steigt im Wert wieder an.

So kann es für eine gewisse Zeit dazu kommen, dass das Geld *„weniger Wert"* ist. Doch dieser verlorene Wert wird schnell wieder aufgeholt. Wenn das Geld nur lang genug arbeiten darf, wird daraus mit an Sicherheit grenzenden Wahrscheinlichkeit ein Gewinn herausspringen. Natürlich muss man sich vorher schon ein bisschen informieren, in was man investiert.

Doch das Geld bei der Bank steigt doch immer, wenn auch nur ein bisschen. Es gibt immerhin 0,05 % Zinsen per annum.
10.000 € bei der Bank für 10 Jahre geparkt bei 0,05 % Zinsen.

10.000 x (1,005 ^10) = 10.511,40 €

Nach 10 Jahren wären es 511,40 € mehr. Ein toller *„Gewinn"* für nichts tun. Doch was meist nie berücksichtigt wird, ist die Inflation. Die Europäische Zentralbank strebt eine Inflationsrate von etwa 2 % per annum an. Das heißt vereinfacht gesagt, dass das Geld jedes Jahr um 2 % weniger Wert wird.

10.511,40 x (0,98 ^10) = 8588,58 €

Nach 10 Jahren wäre das Geld samt den Zinsen noch 8588,58 € wert. Der Betrag bleibt derselbe, doch die Kaufkraft hat verloren. Nun kann man selbst entscheiden, ob man das Geld auf dem Konto geparkt lässt oder es investiert und daraus Profit schlägt.

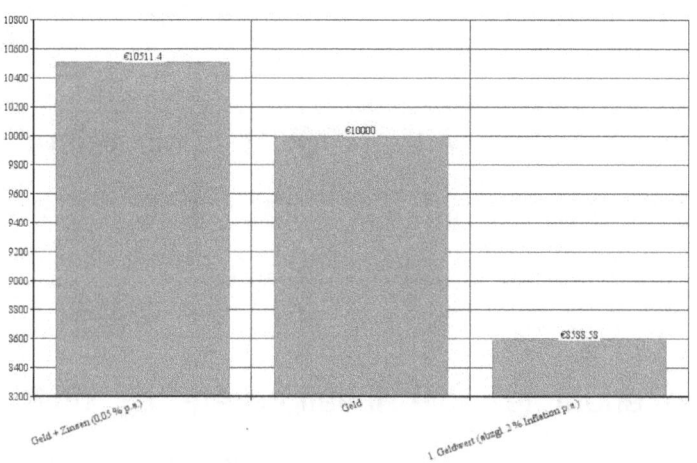

Das Diagramm soll die oben genannten Werte verdeutlichen.

Der zweite Balken stellt die 10.000 € dar. Der

erste die 10.000 € samt Zinsen in Höhe der 0,05 % pro Jahr für insgesamt 10 Jahre. Darin ist der Zinseszins mit inbegriffen. Der dritte Balken zeigt die Wahrheit. Der reine Geldwert, die 10.000 € mit den Zinsen. Nur bereinigt um die Inflation von 2 % pro Jahr.

Dabei ist anzumerken, dass nicht alle Güter derselben Inflation unterliegen. Die 2 % sollen den Durchschnitt aller Inflationsraten der verschiedenen Güter widerspiegeln.

Rechnen wir den Wert von Geld nicht herunter, sondern herauf, kommt ein ebenfalls erstaunliches Ergebnis dabei raus.

Angenommen die Inflationsrate ist über 10 Jahre konstant bei 2 % geblieben und das Produkt ist ausschließlich aufgrund der Inflation im Preis gestiegen.

Das Produkt X hat vor 10 Jahren 100 € gekostet. Heute würde es 121,90 € kosten. Eine Steigerung von 21,90 €.

100 x (1,02^10) = 121,899

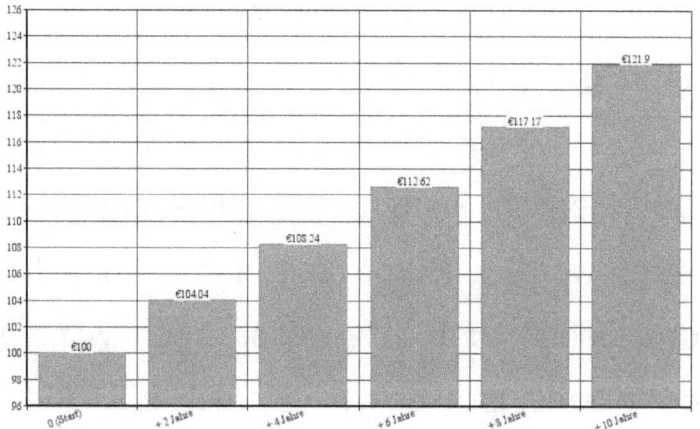

12.8 Sicher fühlen

Es spricht nichts dagegen, für den Notfall ein Polster zu bilden. Das ist sogar ratsam. Wenn das Auto kaputtgeht und eine Reparatur ansteht oder die Waschmaschine den Geist aufgibt, ist Geld nötig – sofort. Doch es muss nicht immer ein Gegenstand sein, der kaputtgeht.

Der Mensch kann auch mal kaputtgehen – krank werden. Einige Zeit lang bekommt man das Gehalt zu 100 % weiter. Irgendwann wird es allerdings weniger. Es ist auch in der heutigen Zeit nicht auszuschließen, dass jemand unerwartet die Kündigung bekommt, da es dem Unternehmen finanziell nicht so gut geht. Da ist ein gutes Polster ebenfalls von Vorteil. Aber wie sollte so ein Polster aussehen?

Da kommt wieder das Bilanzbuch zum Vorschein. Einen Monat lang aufschreiben, wie viel Geld man benötigt hat. Das Ergebnis ist, dass Summe X an € benötigt wird, um den Lebensstandard zu leben, wie er momentan ist. Die Summe X sollte 3 bis 6 mal als Polster aufgebaut werden. So ist man gegen jegliche Art von unerwarteten finanziellen Nachrichten gewappnet.

Ich benötige _____ Euro für meinen Lebensstandard im Monat.

12.9 Mindset

Geld zu sparen kann aus verschiedenen Blickwinkeln betrachtet werden. Als *„Geizhals"* oder *„Pfennigfuchser"* möchte niemand betitelt werden. Es geht nicht darum, das Gemüse für 3 Cent weniger zu kaufen. Es geht darum, sich zu bezahlen.

Wenn man Brot kauft, bezahlt man den Bäcker und die Bäckerei Fachangestellte. Wird ein Auto gekauft, wird der Konzern und der Verkäufer bezahlt. Wir selbst müssen uns auch mal bezahlen. Da bekommt *„sparen"* einen ganz anderen Blickwinkel. Wir bezahlen uns selbst für eine bessere Zukunft.

„Ich möchte jetzt leben." Die Leute, die das sagen, verprassen oft ihr ganzes Geld für Partys und sonstige Sachen. Doch haben diese Personen etwa keine Zukunft? Es sagt

auch niemand, dass wenn ein kleines bisschen von dem monatlichen Geld gespart wird, man dann nicht mehr im hier und jetzt leben kann. Es wird nur nicht von der Tapete bis zur Wand gedacht. Die Zukunft sollte für uns alle eine entscheidende Rolle spielen. Diese Leute,zk die sagen, dass sie jetzt gerade leben, gehen doch auch zur Schule oder zu ihrer Arbeit. Das ist ebenfalls für die Zukunft. Manchmal müssen mehr als drei oder vier Synapsen genutzt werden.

12.10 Nutze deine Interessen

Nutze deine Interessen und verdiene dir mehr Geld. Das Hobby zum Beruf machen ist eine attraktive Methode, um zusätzliches Einkommen zu generieren.

Das Gute dabei ist, dass man Spaß daran hat. Es sollte sowieso eine Voraussetzung für den Beruf sein. Gesetz dem Fall, der Beruf macht keinen Spaß, dann genießt man auch die Zeit nicht, in welcher man arbeitet und quält sich die 8 Stunden am Tag durch. Jeden Morgen schlecht gelaunt aufstehen, weil man daran denken muss, gleich wieder arbeiten zu müssen. Das kann nicht Sinn der Sache sein. Die Zeit ist begrenzt und vergänglich. Jede Sekunde ist vergänglich und kann nie wieder zurückgeholt werden. Dabei ist es egal wie viel Geld oder Wissen du hast, sie ist vorüber.

Ein Hobby macht man gerne – man hat Spaß. Wieso sollte man die Möglichkeit ausschlagen, damit auch noch Geld zu verdienen und vielleicht so erfolgreich zu werden, dass man den eigentlichen Beruf kündigen kann. Dann kann man sich voll und ganz dem Hobby widmen.

Wertvolle Lebenszeit – Lebensqualität!

➢ Wenn du gerne Kleidung häkelst, verkaufe sie auf Internetplattformen und Flohmärkten oder mach eine eigene kleine Boutique oder einen Onlineshop auf.

➢ Wenn du gerne Sport machst und in der Sportart auch besonders gut bist, mach doch einen Trainerschein und leite Sportkurse oder mach direkt einen eigenen Verein auf.

➢ Wenn du gerne Bücher liest, mach doch Podcasts oder Hörbücher und frag die Autoren nach einer Zusammenarbeit.

➢ Wenn du gerne schreibst, schreib doch ein Buch über ein für dich interessantes Thema und verkaufe es.

➢ Wenn du gerne Zigarren rauchst und dich dafür interessierst, mach einen Onlineshop auf oder eine Seite, auf welcher du diverse Zigarren vorstellst und sie im Anschluss bewertest. Du kannst vielleicht Werbung auf der Homepage schalten und dadurch Einkommen generieren.

Es gibt zahlreiche Möglichkeiten, um mit dem Hobby auch noch Geld zu verdienen. Meist ist lediglich die Angst das Ausschlaggebende, die davon abhält, etwas daraus zu machen. Es könnte ja vielleicht schiefgehen.

Doch wenn Leidenschaft und Motivation hinter den Taten stecken, werden das die anderen Leute merken. Lerne ständig, wie du dich selbst verbessern kannst und generiere stetig steigendes Einkommen.

13. Das wichtigste Investment

Das wichtigste Investment, welches getätigt werden kann, ist die eigene Bildung. Ein Buch kaufen und das dort niedergeschriebene Wissen aufnehmen oder Seminare besuchen. Zwei gute Möglichkeiten, wertvoll in die eigene Bildung zu investieren.

Doch um damit Erfolg erzielen zu können, muss dieses Wissen auch angewendet werden. Da möchte ich auf das Kapitel 12.4 verweisen. Mit dem erworbenen Wissen müssen viele Sachen ausprobiert werden. Anfangs ist das Wissen noch sehr theoretisch. Doch je öfter das Wissen angewendet wird – etwas praktisch versuchen – desto wirkungsvoller wird das Erlernte.

Ein Kind lernt auch nicht in 3 Stunden das Laufen oder mit dem Fahrrad zu fahren. Das braucht eine gewisse Zeit. Doch diese Zeit haben auch die erfolgreichsten Menschen durchlaufen. Niemand war von Anfang an ein „*Profi*". Beispielsweise ein Fußballspieler der Nationalmannschaft musste als Kind auch erst lernen, wie man einen Ball präzise schießt. So verhält es sich auch mit erfolgreichen Vermögensverwaltern. Diese mussten am Anfang der Karriere alles von klein auf lernen. Doch am Ende sieht man den großen Erfolg.

Wenn man sich selbst weiterbilden möchte, ganz egal in welchem Bereich, muss man anfangen, sich Wissen anzueignen. Und gerade Bücher und Seminare sind eine wundervolle Variante, sich im Hinblick auf Bildung wertvoller zu machen. Je mehr Bildung du besitzt, desto wertvoller bist du für dich selbst und Arbeitgeber. Wenn es dabei noch um Themen geht, welche Spaß machen, ist es umso leichter, dafür zu lernen.

Es muss nicht unbedingt ein Buch oder ein Seminarbesuch sein. In der heutigen Zeit ist viel davon auf Videos oder Artikeln festgehalten. Es sind in den meisten Fällen kostenlose Möglichkeiten, sich an Wissen reicher zu machen. Videos auf dem Laufband im Fitnessstudio sind eine gute Alternative um gleich zwei Fliegen mit einer Klappe zu schlagen – etwas für die Gesundheit und Figur tun und dabei noch lernen. Auch im Zug oder Bus lässt sich dieses Medium sehr gut nutzen. Texte und Videos sind schnell über das Smartphone abrufbar. Das Smartphone besitzt in der heutigen Zeit fast jeder Mensch. Da es ohnehin mitgenommen wird, hat auch jeder die Möglichkeit, in freier Zeit, damit zu lernen. Es muss nicht immer beim Zeitvertreib das Spielen sein.

Wie wichtig Bildung ist, unterschätzen viele Leute. Es fängt damit an, dass es Menschen auf der Welt gibt, die alles geben würden, Wissen zu bekommen – eine Schule besuchen zu können. Auf der anderen Seite gibt es Menschen, die keine Lust auf Schule haben. Wenn sie in der Schule sind, wird nicht zugehört. Sie haben die Möglichkeit vor der Nase, doch schlagen diese aus.

Etwas zu lernen, sich weiterzuentwickeln, ist für einen selbst. Was gibt es besseres, als sich selbst besser zu machen? Wissen ist Macht. Jeder möchte Macht.

Beziehen wir das Thema Bildung auf Geld. Was passiert, wenn man Personen ohne finanzielles Wissen eine große Menge Geld gibt? Oft waren in Zeitungen Schlagzeilen, dass Lottogewinner ein Jahr später pleite sind. Was ist passiert? Sie haben im Lotto 1, 2, 3 Millionen Euro gewonnen. Das Geld wird für alle möglichen Dinge ausgegeben. Doch die Personen wissen nicht, was dahinter steckt.

Sie konsumieren und konsumieren. Doch am Ende der Serie steht eine 0 auf dem Konto. Die meisten der Leute die *„gewinnen"* haben diese Summe Geld ohne Arbeit bekommen. Ohne Arbeit haben sie auch das Wissen nicht erlangt. Ohne das Wissen haben sie auch die Wertschätzung nicht. Sie haben schlichtweg nur konsumiert und nicht investiert.

Im Gegenzug wette ich darauf, dass man einem erfolgreichen Geschäftsführer sein Unternehmen und das Geld wegnehmen kann und dieser schneller wieder reich ist, als die meisten anderen. Diese Person hat es schon durchlebt. Das Wissen ist vorhanden und wurde angewendet – es wurde ein erfolgreiches Unternehmen aufgebaut. Es fängt mit kreativen Ideen an, dem Geschäftsmodell. Erfolgreiche Menschen sind meist sehr kreativ im geschäftlichen Bereich.

Ich hoffe, dir hat dieses Buch gefallen und du konntest wichtige Dinge mitnehmen. Geld ist nicht alles im Leben, doch es erleichtert Vieles. Mit den richtigen Investments sollte es kein Problem sein, Vermögen aufzubauen.

Das Alter spielt keine Rolle. Der richtige Zeitpunkt anzufangen, ist jetzt. Es geht um die Zukunft. Es ist kein Hexenwerk sich mit der Materie auseinanderzusetzen und die Zukunft angenehmer zu gestalten. Wenn das Wissen erst einmal gelernt ist, behält man es sein Leben lang und kann davon profitieren. Mache den ersten Schritt!

Raum für Notizen

Raum für Notizen

Raum für Notizen

Raum für Notizen

Raum für Notizen

www.ingramcontent.com/pod-product-compliance
Lightning Source LLC
Chambersburg PA
CBHW072155170526
45158CB00004BA/1656